AF610161

DE LA BIBLIOMANIE.

Par M. Louis Bollioud Mermet né a Lyon le 13 fevrier 1709. de la Société royale des Sciences et belles lettres de Nancy, Secretaire perpetuel de l'academie de Lyon

A LA HAIE.

M. DCC. LXI.

DE LA
BIBLIOMANIE.

RIEN n'eſt ſi difficile que d'obſerver les regles de la modération & de la ſobriété dans l'uſage des choſes même les plus légitimes. La philoſophie a beau crier : *Ne quid nimis*, (a) c'eſt de toutes ſes maximes celle que l'homme met le moins en pratique.

A peine a-t-il pourvu aux beſoins de la néceſſité, qu'il tend inſenſiblement à ſe procurer l'agréable

(a) Μηδὲν ἄγαν. *Laërt. in Solon. Stob. Ser.* 3.

abondance, & bientôt il pousse son ambition jusqu'au superflu. Tout excite sa cupidité, mais rien ne remplit ses vœux. Il rassemble tous les objets, il épuise tous les genres, il rafine sur tous les goûts sans se satisfaire.

De cette insatiabilité que le moindre avantage enflamme, de cette inconstance qu'aucun bien ne fixe, naissent les abus divers qui régnent dans le monde.

C'est aux philosophes moralistes qu'il appartient de traiter sur cette matiere les sujets graves & importants; donnons donc à nos réflexions un point de vue moins vaste, & renfermons-les dans les bornes d'un exercice académique, pour considérer un excès qui, dérivant de la même ſource, s'eſt introduit juſques dans la république des lettres.

Excès qui pourroit plutôt entrer dans l'ordre des ridicules que dans celui des vices; mais il ſuffit qu'il mene à ſa ſuite la vanité, le luxe & la frivolité, pour faire craindre qu'il ne conduiſe à des conſéquences plus dangereuſes. Eſſayons de le peindre avec toutes ſes couleurs, & l'on conviendra aiſément qu'il mérite d'être réprimé par une cenſure équitable.

Il y a long-temps qu'il eſt dit qu'on abuſe de tout, principalement des meilleures choſes : *Optimi peſſima corruptio.* La littérature n'eſt pas à l'abri de ce déſordre. L'étude qui éclaire, qui rectifie l'eſprit humain, ne le garantit pas de tous les travers dont il est susceptible. Auroit-on cru que la lecture, moyen le plus propre à nourrir l'ame, à former les mœurs, produisît si rarement, si foiblement ces heureux effets, & qu'en même temps le goût des bons livres si noble, si utile quand il est sagement ménagé, pût dégénérer en affection désordonnée, & devenir l'objet d'une passion de fantaisie ?

Cet abus n'est cependant que trop réel & trop commun. Jamais on ne vit tant de livres de toutes les especes, de toutes les formes, & jamais on n'a vu si peu de lecteurs dont l'étude sérieuse, & l'instruction solide soient le véritable but. On ne lit guere dans le monde que pour le simple amusement. La lecture destinée à servir de préservatif contre l'ignorance & l'erreur, n'est tout au plus qu'un antidote contre l'ennui.

On a tellement perverti l'usage des livres, que ces monuments de la savante antiquité, ces recueils précieux des productions du génie, autrefois consacrés à perpétuer les vrais principes des sciences, à inspirer le bon goût des lettres, à faciliter le travail, à diriger le jugement, à exercer la mémoire, à faire germer les talents & les vertus, sont maintenant des meubles de pure curiosité, qu'on achete à grands frais, qu'on montre avec ostentation, qu'on garde sans en tirer aucune utilité.

Nous voyons des hommes incapables de s'adonner à une lecture suivie & méditée : des hommes qu'un défaut d'éducation a privés des avantages de l'étude: à qui leurs emplois en ôtent même le loisir & le goût: qui affectent néanmoins de former des bibliotheques.

D'autres plus capables de faire usage des livres, amoncelent les volumes dans tous les genres, beaucoup au-delà du nombre suffisant, & des bornes de leurs connoissances.

Quelques-uns, non contents d'en augmenter inutilement le nombre, se piquent de rassembler ceux qui sont le plus précieusement conditionnés, & les plus rares, sans se décourager ni par la difficulté des recherches, ni par la cherté des prix.

D'autres enfin conçoivent le singulier projet de réunir tous les ouvrages composés dans un genre bizarre & quelquefois licencieux.

Il est aisé d'appercevoir dans chacun de ces goûts une sorte de fantaisie immodérée, une maladie qui a ses symptômes particuliers, ses accès, ses complications, son délire, & ses dangers.

En effet, avoir des collections de livres avec l'incapacité ou le défaut de volonté de lire & d'étudier, c'est une étrange manie, une aveugle ostentation. Entasser des amas de volumes sans nécessité, sans discernement, c'est une inutilité absurde, une vaine superfluité. Rassembler tous ceux qu'on estime par leur rareté, par la beauté singuliere des éditions, par la magnificence des reliures, c'est un excès de luxe, un amour déréglé du merveilleux, une prodigalité ruineuſe. Préférer enfin ceux dont le ſeul mérite conſiſte dans la ſingularité groteſque & imaginaire des matieres qu'ils renferment, ou qui n'ont d'autre qualité que d'être pernicieux aux bonnes mœurs, & contraires aux maximes de la religion, c'eſt bizarrerie, caprice, travers d'eſprit, libertinage.

Les détails d'un examen ſuivi mettront ces différents excès dans tout leur jour. Ils nous feront voir clairement que l'erreur en cette matiere conſiſte ſur-tout à ne ſavoir pas faire un bon choix, ni un bon uſage des livres.

Premiere Partie.

A Dieu ne plaiſe qu'en voulant caractériſer ce goût mal-entendu,

& le peindre par ſes propres traits, je donne aucune atteinte aux progrès de l'étude, aux utiles effets de la lecture & de l'émulation, au deſir louable d'apprendre & de s'inſtruire, à l'eſtime due aux bons livres, au talent de les connoître, de les aſſortir, au ſoin de les conſerver, à l'art auſſi ingénieux qu'admirable de l'imprimerie, qui eſt parvenu à un ſi haut degré de perfection.

Combattre les abus, c'eſt relever le mérite de la choſe dont on abuſe; c'eſt venger ſon excellence des entrepriſes téméraires de quiconque oſe l'avilir ou la dénaturer. Dans cette vue, je vais conſidérer la Bibliomanie, & dévoiler ſes différents caracteres.

Le premier qui s'offre à la critique, & qui blesse la droite raison, est celui d'un homme sans lettres, sans talents, dont le seul art est de faire parade d'une collection de livres que son incapacité lui rend inutiles. Attachons nos regards sur cet objet si remarquable par sa singularité. Revendiquons, pour l'honneur de la littérature, ces trésors d'érudition, que des mains profanes ne cessent de rassembler, sans en connoître ni la valeur ni l'emploi.

Ne voit-on pas effectivement tous les jours des gens incapables d'application, privés de toute science, acquérir des bibliotheques nombreuses, dont l'étalage déplacé chez eux, prouve qu'ils ont bien moins de sens que d'argent, & que jamais l'abondance des richesses ne pourra remplir les vuides de l'ignorance. Ce n'eſt pas ici une chimere que j'entreprends de combattre, c'eſt un ridicule très-réel, dont les exemples ne ſont que trop communs.

Un écrivain du quatorzieme ſiecle remarquoit que ces amateurs ignorants ſe perſuadent de ſavoir tout ce que contiennent leurs livres. Si l'on parle en leur préſence de quelque ouvrage d'eſprit, ils annoncent auſſi-tôt qu'ils l'ont en leur pouvoir. Comme ſi c'étoit la même choſe pour eux d'avoir un livre dans un cabinet, ou d'en tenir la ſubſtance dans la tête ou dans la mémoire.

Ils ſe vantent d'avoir acquis une quantité prodigieuſe de volumes. J'aimerois bien mieux qu'ils fuſſent pourvus de génie, de talents, & de doctrine ; & ce qui est plus nécessaire encore, de bon sens, d'innocence, & de vertus. Mais ces choses là ne sont pas vénales comme les livres : & si l'on pouvoit les vendre, je ne sais s'il se présenteroit beaucoup d'acheteurs (*b*). On n'est point du tout curieux de science, ni de sagesse, on veut seulement en montrer l'écorce & la superficie (*c*).

C'est, en vérité, une vanité prodigieuse, une singuliére erreur que

(*b*) Sunt qui quidquid in libris scriptum domi habent, nosse sibi videntur. Cùmque ullâ de re mentio incidit, hic liber, inquiunt, in armario meo est ; hoc tantùm, idque sufficere opinantes ; ut simul in pectore sit. Elato supercilio conticescunt, ridiculum genus....

Libris affluunt : Quàm mallem ingenio, eloquentiâ, doctrinâ, multòque maximè innocentiâ & virtute ! sed hæc venalia non habentur ut libri : & si haberentur, nescio an emptores totidem reperturi sint quot libri.

Fr. Petrarch. de libr. cop. Dialog. 43.

(*c*) Sunt qui sapere & scire volunt eo fine tantùm ut sciantur ipsi ; turpis vanitas est.

Div. Bern. sup. Cant. Serm. 36.

d'aſpirer aux honneurs de l'érudition par un aſſemblage inconſidéré de livres, dont on n'a droit de ſe promettre ni la connoiſſance ni l'uſage. Ne diroit-on pas, à voir ces Bibliomanes illéttrés, qu'il leur ſuffit d'acheter la boutique d'un libraire, pour jouir du titre faſtueux d'hommes ſavants ? Le public ſera-t-il la dupe de cette ſorte d'uſurpation ?

Non, on ſait aſſez que les faveurs des Muſes ne ſe rencontrent guere dans le même lieu avec les bienfaits de Plutus. Les gens de lettres trop accoutumés à l'injuſtice de cette incompatibilité, ont du moins la conſolation de ſavoir que l'aveugle fortune toute puiſſante qu'elle eſt dans ce monde, ne peut gratifier du don de ſcience les hommes qu'elle favoriſe, ni en priver ceux qu'elle diſgracie. Si l'abondance des richeſſes étoit le ſeul moyen de devenir ſavant & vertueux, certainement les riches ſurpaſſeroient tous les autres hommes en ſcience & en probité. L'expérience néanmoins nous fait voir preſque toujours le contraire (*d*).

C'eſt donc en vain qu'on accumulera les volumes; cet appareil de littérature n'a rien d'impoſant que pour le vulgaire; il ne ſert qu'à rendre mépriſables ceux qui l'affectent. Le plus ſûr moyen d'acquérir de la conſidération par les livres, n'eſt pas de les avoir, mais de les connoître,

(*d*) At profectò ſi librorum copia doctos faceret aut bonos, doctiſſimi omnium atque optimi eſſent qui ditiſſimi; cujus ſæpè contrarium videmus.

Petrarc. de libr. cop. Dial. 43.

de

de les lire avec fruit. Autrement, quelle gloire y auroit-il à retirer chez ſoi des aſſortiments de librairie, & à les garder matériellement comme font les tablettes d'une armoire où ils ſont rangés (*e*).

J'aimerois autant voir un aveugle de naiſſance s'empreſſer à faire une collection de tableaux, & vouloir que je le prenne pour un connoiſſeur en peinture. Que penſeroit-on de quelqu'un, qui ſans être muſicien, & ſans avoir aucune envie de le devenir, garniroit ſes appartements de tous les inſtruments de muſique, & feroit de ſa maiſon la

(*e*) Calle alio niti oportet, ut ex libris gloriam quæras; non habendi, ſed noſcendi, nec bibliothecæ ſed memoriæ committendi, cerebroque, non armario concludendi. Alioqui vel librario publico vel armario ipſo glorioſior nemo erit.

Petrarc. Ibid.

demeure d'un luthier? Ce portrait, tout ridicule qu'il paroît, n'eſt ni forcé ni nouveau. Auſone s'en ſervit autrefois pour ſe moquer d'un homme ignorant, poſſédé de la manie des livres. Il lui adreſſa par dériſion cette épigramme :

Emptis quòd libris tibi bibliotheca referta eſt,
Doctum & grammaticum te, Philomuſe, putas.
Hoc genere & chordas; & plectra & barbita conde:
Omnia mercatus, cras cytharædus eris.

Auſon. Epig. 44.

C'eſt un ſpectacle comique que de voir un Bibliomane, à qui le temps & l'argent ſont à charge : qui pour amuſer ſon oiſiveté, pour tâcher de ſe délivrer de la laſſitude de ne rien faire & de ne rien ſavoir, s'établit une place dans les magaſins de librairie, promene ſon ennui d'une boutique à une autre, aſſiſte journellement aux ventes de livres, les examine tous ſans en connoître peut-être aucun, enchérit, non comme un amateur intelligent, mais comme un homme riche, prêt à acheter au poids de l'or des volumes dont il n'a que faire, tandis qu'il en ſouſtrait l'acquiſition à un connoiſſeur qui en a beſoin. De retour chez lui, cet avide & inſatiable enchériſſeur met ſes premiers ſoins à donner une place à ces nouveaux livres : il les touche peut-être pour la derniere fois.

Si ces livres pouvoient parler auſſi facilement qu'ils préſentent aux yeux les ſignes de la parole, quelles plaintes ſur leur ſort ne nous feroient-ils pas entendre ? Combien témoigneroient-ils de regrets d'être condamnés pour long-temps à une inutilité ſi odieuſe, à un eſclavage ſi violent & ſi honteux ? C'eſt la penſée de Pétrarque. Il dit, en s'adreſſant à un de ces poſſeſſeurs tyranniques & aveugles : *Egregios multos in vinculis tenes libros, qui ſi forſitan erumperent & loqui poſſent, ad judicium te privati carceris evocarent. Nunc flent taciti multa quidem, nominatim illud, quòd perſæpè unus iners affluit avarus, quibus multi egent ſtudioſi* (f).

Si l'envie peut avoir un objet légitime, c'eſt ſans doute dans le cas dont il s'agit. Combien de gens d'étude à qui la fortune refuſe les moyens de ſe procurer les livres néceſſaires ! Combien d'un autre côté

(f) *Petrarc. Ibid.*

de riches qui les acquiérent ſans connoiſſance & les gardent ſans néceſſité ! Ce ſont des Tantales qui ne peuvent ſe déſaltérer au milieu des eaux : des avares qui amaſſent un tréſor dont ils ne ſavent pas jouir : des aveugles qui recherchent les objets dont la vue leur eſt interdite.

On raconte que Louis XI, roi de France, apprenant qu'un homme ſans lettres avoit acquis une curieuſe & ample bibliotheque, dit, » voilà le » vrai portrait d'un boſſu, qui porte » ſur le dos une ſuperfluité de nature, » & qui eſt hors d'état d'y jeter les » yeux. *Hic gibboſo comparandus, qui cùm gibbi onus in dorſo ferat, nunquam tamen illud intuetur* (g).

Ce ridicule ſi aiſé à ſentir, à blâ-

(g) *Coroz. in dict. mir.*

mer dans les autres, eſt comme tous les excès de l'humanité, abſolument ignoré de ceux qui y tombent. L'homme non lettré ſe fait un honneur de ce qui le ridiculiſe; il montre avec oſtentation aux curieux les recueils littéraires qu'il poſſede. Il ſemble qu'il ſe plaiſe à faire voir les Muſes captives ſous ſon aveugle domination. Mais plus il les tiendra dans l'eſclavage, moins il ſera digne de les cultiver.

Un connoiſſeur, viſitant la bibliotheque d'une communauté de religieux qui n'en faiſoient point d'uſage, s'apperçut que chaque livre y étoit attaché par une petite chaîne de fer. Surpris de cette nouveauté, il leur récita ces vers:

Haud secus ac duro fugitivos carcere servat
Vestra catenatos bibliotheca libros.
Quid mirum, si nulla viget doctrina, colendi
Doctrinæ auctores hîc ubi vincla gerunt?

Si ce n'est pas un motif de vanité qui engage à recueillir ainsi des livres peu nécessaires, seroit-ce le dessein d'en orner des appartements? Depuis quand ces protocoles de science sont-ils des effets à mettre au rang des meubles? N'est-ce pas là renverser l'ordre des choses, & détourner de leur destination celles qui sont les plus estimables & les plus utiles? Renversement néanmoins qui n'est pas rare dans le monde (*k*).

(*k*) Ut quidam disciplinæ, sic & alii voluptati & jactantiæ libros quærunt. Sunt qui hac parte supellectilis exornant thalamos, quæ animis exornandis inventa est; neque aliter his utuntur, quàm corinthiis vasis, aut tabulis pictis, ac statuis.

Petrarc. Ibid.

Tel qui par le commerce ou par les emplois de finance a fait une fortune considérable, après avoir acquis, à force d'argent, l'avantage de devenir noble, veut encore paroître homme de tous les goûts. Livres, tableaux, estampes, vases précieux, jardins peignés, cabinets d'histoire naturelle, collection de médailles, rien n'échappe à sa curiosité: tout semble être de son domaine. Mais en même temps on s'apperçoit trop pour son honneur qu'il n'a d'autres titres que ses richesses pour posséder toutes ces choses.

M. de la Bruyere, à qui l'expression des caracteres ne coûtoit rien, n'a pas oublié celui-ci. Ecoutons-le dans le récit qu'il fait sur ce sujet: « Un homme, dit-il, m'annonce par

» ſes diſcours, qu'il a une biblio-
» theque. Je ſouhaite de la voir. Je
» vais trouver cet homme qui me
» reçoit dans une maiſon où dès l'eſ-
» calier je tombe en foibleſſe d'une
» odeur de marroquin noir dont tous
» ſes livres ſont couverts. Il a beau
» me crier aux oreilles pour me ra-
» nimer qu'ils ſont dorés ſur tranche,
» ornés de filets d'or, & de bonne
» édition, me nommer les meilleurs
» l'un après l'autre, dire que ſa gale-
» rie eſt remplie, à quelques endroits
» près qui ſont peints de maniere
» qu'on les prendroit pour de vrais
» livres arrangés ſur des tablettes,
» & que l'œil s'y trompe; ajouter
» qu'il ne lit jamais, qu'il ne met
» pas le pied dans cette galerie,
» qu'il y viendra pour me faire plai-

» sir; je le remercie de sa complai» sance, & ne veux non plus que » lui voir sa tannerie, qu'il appelle » bibliotheque (i). »

Il ne faut donc pas s'étonner si l'on a vu des hommes de cette trempe acheter des livres à la toise, sans distinction de leurs qualités ni de leurs matieres, mais dans le seul dessein de garnir des tablettes, & de remplir le vuide des lambris d'un sallon. Comme si ces précieux dépôts de la pensée destinés à la nourriture de l'esprit ne méritoient pas qu'on les distinguât des êtres purement matériels; comme si une bibliotheque étoit une tapisserie.

Cet abus régnoit déjà du temps de Sénéque. Comment pardonner cette

(i) *Caract. chap. de la mode.*

oſtentation, dit ce Philoſophe (*k*), à des gens dénués des premiers éléments des lettres humaines, qui font ſervir à la décoration de leurs maiſons, ce qui eſt propre à l'inſtruction de l'ame, à l'ornement de l'eſprit; qui mettent au nombre des meubles les plus vils ce qui de-

(*k*) Pleriſque ignavis (etiam ſervilium litterarum) libri non ſtudiorum inſtrumenta, ſed cænationum ornamenta ſunt... Quid habes cur ignoſcas homini armaria cedro atque ebore aptanti, corpora conquirenti aut ignotorum auctorum aut improbatorum, & inter tot millia librorum oſcitanti; cui voluminum ſuorum frontes maximè placent, titulique? Apud deſidioſiſſimos ergo videbis quidquid orationum, hiſtoriarumque eſt: & tecto tenus exſtructa loculamenta.

Jam enim inter balnearia, & thermas, bibliotheca quoque ut neceſſarium domûs ornamentum expolitur. Ignoſcerem planè ſi è ſtudiorum nimiâ cupidine oriretur: nunc iſta exquiſita, & cum imaginibus ſuis deſcripta ſacrorum opera ingeniorum in ſpeciem & cultum parietum comparantur.

Senec. de tranq. an. cap. 9.

Qui divite gaudent librorum ſupellectile, atque illorum magis fruuntur ſpectaculo quàm ſtudio, ſimiles videntur pueris quibus totas noctes lampades ardent, ſed parùm advigilant.

Thriver. in apopht. 124.

vroit être réſervé pour meubler la mémoire, pour éclairer le jugement; qui recueillent les ouvrages des Auteurs grecs & latins ſans aucune connoiſſance de ces langues, ni des choſes contenues dans ces écrits; qui, incapables de ſe nourrir des penſées ſolides que renferment ces livres, ſe repaiſſent du ſingulier plaiſir d'en voir les dos & les titres bien dorés, les volumes rangés avec art & ſymmétrie?

Que peut-on ajouter à de pareils portraits, ſi ce n'eſt le vernis de ridicule dû à tous ces faux connoiſſeurs qui ont la vaine gloire d'affecter d'être ce qu'ils ne ſont pas, & d'eſtimer ce qu'ils ignorent. Une épigramme grecque y joint encore un trait que la noble & auſtere délicatesse de notre langue ne me permet pas d'exprimer (1).

Mais si de ces collections de livres ainsi ridiculement destinées à l'ostentation, nous passons à celles qui sont plus décemment placées dans les cabinets de nos littérateurs, d'autres excès s'offrent à nos regards. Nous y voyons des amas de volumes inutilement multipliés. Prodige de superfluité bizarre, qu'on peut justement reprocher, même aux gens d'étude, & aux vrais connoisseurs en ce genre.

Seconde Partie.

Lorsque je m'éleve contre l'abus d'amasser des livres, je n'ai nulle-

(1) Κτησάμενος βιβλίων, κ' οὐκ ἀναγινώσκων οἷός τε
Τὸ ποῦ πρᾶγμ' εἰ; πρὸς λύραν ἐστὶν ὄνος.
Asinus ad Lyram.

ment en vue les bibliotheques des Princes, ni celles qui ſont publiques, ou qui appartiennent à des communautés nombreuſes. C'eſt ici le cas de l'exception. Ce qui fait la gloire des Rois eſt ſouvent une folie pour les ſujets. Rien n'eſt plus honorable pour des Souverains que ces ſortes d'établiſſements : rien n'eſt plus propre à ſignaler leur zele pour le bien public, & leur magnificence.

De même, les communautés étant compoſées d'hommes auſſi variés par leurs connoiſſances que par leurs caracteres, il convient qu'elles aient d'amples collections de livres, & de toutes les ſortes. Quelle reſſource féconde pour le progrès des ſciences que ces ſanctuaires de littérature, lorſque les portes en ſont ouvertes à ceux qui joignent à des talents naturels le goût de l'étude, l'amour du travail, & à qui il ne manque pour faire fructifier ces heureux germes, que les influences favorables de la fortune! c'eſt dans ces retraites littéraires que l'abondance ceſſe d'être un mal, que la multiplicité devient néceſſaire. Combien de Rois ſe ſont immortaliſés par les bibliotheques qu'ils ont fondées!

Oſimandias, roi d'Égypte, érigea la premiere dont il eſt fait mention dans les annales anciennes. Il y fit mettre en gros caractere cette inſcription : Ψυχῆς ἰατρεῖον, *Medica animæ officina* (m).

Ptolémée Philadelphe en établit

(m) *Diodor. Sicul. lib.* 1.

une par les soins de Démétrius Phaléréus, dans la ville d'Alexandrie, dont les volumes montoient, suivant le rapport de plusieurs historiens, jusqu'au nombre de sept cents mille. La plus grande partie périt par le feu pendant la guerre de César contre les fils de Pompée (n).

Pisistrate, tyran d'Athenes, institua aussi une bibliotheque très-considérable qu'il rendit publique (o).

La premiere qu'on vit à Rome y fut apportée par Paul Emile. Plutarque observe que ce grand capitaine ayant vaincu Persée, roi de Macédoine, méprisa des trésors que les droits de la victoire mettoient en son pouvoir, mais qu'il ne dédaigna pas

(n) *Joseph. lib. 12. cap. 2.*
(o) *Gell. noct. att. lib. 6. cap. 17.*

pas de faire ſon butin des livres que ce Prince poſſédoit (p).

Lucullus, ce fameux romain, qui oſa s'égaler aux Rois par ſes richeſſes, ſon luxe, & ſa généroſité, s'illuſtra par la fondation d'une bibliotheque qu'il ouvrit aux citoyens & aux étrangers. Ils y venoient en foule & y tenoient une eſpece d'académie (q).

On connoît la bibliotheque du Vatican & celle du Louvre, les plus célebres & les plus immenſes qui exiſtent actuellement dans le monde. Les Princes & les grands Seigneurs ſe ſont diſputé la gloire de conſacrer ces monuments de littérature à l'utilité publique. Paris en

(p) *Plut. in æmil.*
(q) *Cicer. de fin, lib. 3. cap. 7.*

offre de magnifiques exemples. Cette grande ville tire une partie de ſon luſtre des différentes bibliotheques qu'elle renferme dans ſon enceinte, & dont l'entrée eſt permiſe aux curieux.

Mais cette généreuſe magnificence, ſi digne de la grandeur de nos Rois, ſi honorable aux communautés qui les ont imités ; n'eſt pas praticable à de ſimples particuliers. Le nombre de livres néceſſaire à chaque citoyen eſt borné. Tout ce qui paſſe au-delà eſt ſuperflu, ou trop ambitieux.

Il n'eſt perſonne qui puiſſe tout apprendre ; ni ſe vanter de tout ſavoir. Où trouveroit-on un homme également verſé dans toutes les parties de la littérature ? La Providence a partagé ses dons. Il étoit de sa sagesse de dispenser les talents avec économie, d'en distribuer une certaine portion à chaque personne, afin de rendre les hommes dépendants les uns des autres; afin d'entretenir par cette subordination réciproque le commerce de la société; afin d'empêcher le savant & le philosophe de se suffire à eux-mêmes, de se concentrer dans leur propre sphere, & de se fier trop à leurs lumieres ou à leurs opinions.

Suivant ce plan, il a été donné aux uns de pénétrer dans les secrets de la nature, de mesurer les étendues, de fouiller dans les abymes de la terre & des mers, de s'élever jusqu'à considérer la marche & la destination des corps célestes, d'appliquer à des emplois utiles & curieux tous les reſſorts des méchaniques : ou de connoître la ſtructure du corps humain, d'y rétablir l'ordre entre les liqueurs & les ſolides, par l'uſage des médicaments, & par les opérations de la main : ou d'étudier les loix, les regles de la vie civile, les droits & les devoirs de la ſociété : ou de méditer ſur l'homme intellectuel, d'examiner ſon être, la nature de ſon ame, ſes paſſions, & tous les motifs qui le font agir, ſoit dans la morale, ſoit dans la politique.

D'autres, dont l'eſprit eſt deſtiné à des fonctions encore plus nobles, montent par un ſublime eſſor à la connoiſſance de l'Auteur de l'univers, non ſeulement pour l'admirer dans ſes ouvrages, mais pour le contempler dans lui-même, dans ses attributs immortels, dans ses perfections infinies.

Quelques-uns ont pour partage la science de bien écrire, & l'art de bien parler; l'avantage de maîtriser l'ame, de captiver le cœur par la magie de l'éloquence ou de la poésie. Ceux-ci s'adonnent à l'étude des langues, ils sont citoyens de tous les temps, de tous les pays; ceux-là parcourent d'un pas rapide & ferme la carriere immense de l'histoire: leurs recherches critiques mettent toute l'antiquité à contribution. D'autres enfin cultivent les arts utiles & agréables. Ces arts ont la même origine, mais ils se divisent en plusieurs branches. Leur perfection exige dans chaque espece autant de talents différents.

La littérature est une république où chacun remplit sa fonction. Il est libre de choisir celle qui a plus d'analogie avec le goût naturel, le génie, & l'éducation qu'on a reçue; mais ce choix une fois fait, il faut s'y fixer invariablement, si l'on espere quelque succès. Celui qui voudra tout connoître, & embrasser tous les genres d'étude, succombera dans son entreprise, sera incapable de servir utilement la société dans aucune partie, puisqu'à force de tout effleurer, il s'est mis dans le cas de ne rien approfondir.

A quoi sert donc à un particulier d'assortir des collections completes sur toutes les matieres, puisque la partie dont il peut jouir est très-limitée. J'aime à connoître les talents d'un homme à l'inſpection de ſes livres. Rien ne paroît, en effet, plus déplacé que de trouver des traités de théologie chez un géometre, & des méthodes de phyſique chez un orateur. Cette multiplicité, cette confuſion d'objets diviſe trop l'attention, ſurcharge la mémoire ſans l'enrichir : éblouit le jugement au lieu de l'éclairer, nuit aux progrès de l'étude, & renverſe le plan qu'on s'y étoit tracé (*r*).

(*r*) Onerat diſcentem turba, non inſtruit : multòque ſatius eſt paucis ſe auctoribus tradere, quàm errare per multos.

Senec. Ibid.

Librorum larga copia eſt operoſa ſarcina, & animi diſtractio. Ingens ſimul laboris copia & quietis inopia. Hùc, illùc circumagitur ingenium ; his atque illis prægravatur memoria....

Crede mihi, non eſt hoc nutrire ſcriptis ingenium, ſed necare mole rerum, atque obruere : vel fortaſſe mediis in undis more Tantaleo, ſiti animam torquere rebus attonitam, deguſtantem nihil, atque omnibus inhiantem.

Petrarc. Ibid.

Puiſqu'il n'eſt pas poſſible de lire tous les livres qu'on peut avoir, il faut donc ſe borner au nombre de ceux qu'on a le temps de lire. *Cùm legere non poſſis, quantùm habueris, ſat eſt habere, quantùm legas* (s). Ce n'eſt pas leur quantité accumulée qui fait les ſavants, c'eſt leur qualité bien choiſie (*t*).

Quelqu'un a dit, gardez-vous de diſputer avec l'homme d'un ſeul livre: *Cave ab homine unius libri.* Il s'eſt ſi bien nourri de la matiere qui en fait l'objet: il ſe l'eſt tellement incorporée, qu'il eſt devenu redoutable à tous ceux qui voudroient ar-

(s) *Senec. epiſt.* 2.

(*t*) Multa ſunt oneroſa diſcentibus, doctis pauca ſufficiunt.

Petr. Ibid.

Non refert quàm multos, ſed quàm bonos habeas libros.

Senec. epiſt. 45.

gumenter contre lui ſur le même ſujet.

Celui, au contraire, qui a un peu lu de tout, qui a eſſayé tous les genres de doctrine, & qui a goûté de tous les ſucs, s'eſt fait une mauvaiſe nourriture, plus capable d'épuiſer ſes forces, que de les augmenter. Comme une lecture ſagement réglée mene à l'inſtruction, ainſi celle qui eſt mal-entendue, & trop variée conduit à la dépravation de l'eſprit. L'ame fatiguée par la complication des idées, éprouve, de même qu'un eſtomac trop rempli, un certain dégoût plus nuiſible que la privation des aliments (*u*).

(*u*) Iſta lectio multorum auctorum, & omnis generis voluminum habet aliquid vagum & inſtabile. Certis ingeniis immorari, & innutriri oportet, ſi velis aliquid habere quod in animo fideliter ſedeat....

Quiconque veut parvenir à un but, n'avancera jamais, s'il s'égare dans des chemins de traverſe, s'il erre dans différentes voies (*x*). C'eſt en quelque ſorte n'exiſter nulle part que de vouloir être par-tout. A force

Diſtrahit animum librorum multitudo. . . .

Faſtidientis ſtomachi eſt multa deguſtare : quæ ubi varia ſunt & diverſa, coinquinant, non alunt.

Senec. epiſt. 2.

Quid vis dicam ? libri quoſdam ad ſcientiam, quoſdam ad inſaniam deduxere, dum plus hauriunt quàm digerunt. Ut ſtomachis ſic ingeniis nauſea ſæpius nocuit quàm fames : atque ut ciborum, ſic librorum uſus pro utentis qualitate limitandus eſt.

Petrarc. Ibid.

Ægri varia ciborum genera appetunt, omnia faſtidiunt. Tales mihi videntur qui vario & ſemper novo gaudent librorum numero, ſed parum illorum fruuntur auxilio.

Thriv. apoth. 126.

Nihil æquè ſanitatem impedit, quàm remediorum crebra mutatio.

Senec. epiſt. 2.

(*x*) Qui quò deſtinavit pervenire vult, unam ſequatur viam, non permultas vagetur. Non ire iſtud, ſed errare eſt.

Id. epiſt. 45.

Fallit ſæpè viarum multiplicitas viatorem. Qui uno calle certus ibat hæſit in bivio : multòque major eſt trivii error aut quadrivii. Sic ſæpe qui librum unum efficaciter elegiſſet, inutiliter multos aperuit, evolvitque.

Petrarc. Ibid.

de faire des incursions, on ne trouve aucun point fixe où se reposer. On ressemble à ces voyageurs qui sont en pélérinage toute leur vie. Ils rencontrent des hospices sur leur route, mais ils n'ont jamais d'habitation décidée.

Nous pourrions aussi comparer ceux qui voltigent ainsi sur les livres, à ces gens qui vont chercher des avis auprès de tout le monde, qui ne fixent leur confiance sur personne, qui ont beaucoup de conseils, & n'ont point d'amis (*y*). Tels sont ceux qu'Apulée nomme *Curiosulos*, & Ciceron *Helluones librorum* (*z*).

(*y*) Nusquam est, qui ubique est. In peregrinatione vitam agentibus hoc evenit, ut multa hospitia habeant, nullas amicitias. Idem accidat necesse est, iis qui nullius se ingenio familiariter applicant, sed omnia cursim & properantes transmittunt.

Senec. epist. 2.

(*z*) *Cic. de fin. lib. 3. cap. 7.*

Sans s'arrêter à un bon choix, ils parcourent tous les pays de la littérature, à l'aide d'une lecture rapide & superficielle.

Il en est cependant de l'esprit humain comme des végétaux : il ne gagne rien à être sans cesse transplanté (*a*). Il ne faut donc pas être surpris, si les possesseurs des grandes bibliotheques sont ceux qui étudient le moins. Eh! comment un homme, accablé sous le poids énorme des volumes, en auroit-il le temps? Il n'a le loisir de faire aucune autre lecture que celle de quelques catalogues. A peine sa vie suffiroit-elle pour connoître seulement les titres de tous les livres, les noms de leurs

(*a*) Non convalescit planta quæ sæpè transfertur. Nihil tam utile est quod in transitu prosit. *Senec. Ibid.*

auteurs, de leurs imprimeurs, les différentes dates de leurs éditions. Une pareille étude exclut infailliblement toutes les autres (*b*).

Que faudroit-il penſer d'un Général d'armée qui ne connoîtroit ſes ſoldats que par leurs noms ou à leur taille : qui auroit manqué la victoire par la confiance préſomptueuſe que lui inſpiroit le grand nombre de combattants ſouvent nuiſible, & pour ne s'être pas borné à employer avec diſcernement les plus intelligents & les plus valeureux (*c*) ?

(*b*) An non ſatis habet negotii libros ipſos, ac librorum titulos, & auctorum nomina & librorum formas cognoſcere ? *Petrarc. Ibid.*

Quò mihi innumerabiles libros & bibliothecas quarum Dominus vix totâ vitâ ſuâ indices perlegit. *Senec. de tranq. an. cap. 9.*

(*c*) Ut nonnullis ad vincendum multitudo bellatorum, ſic librorum multitudo ad diſcendum nocet. *Petrac. Ibid.*

Qui ſolent domi purgata ac digeſta arma oſten-

Penſons la même choſe de l'homme de lettres. Son erreur eſt de s'imaginer qu'il fait des conquêtes nouvelles dans l'empire des ſciences toutes les fois qu'il groſſit ſa bibliotheque de quelques volumes peut-être inutiles.

Mais quelqu'un de ces Bibliomanes me répondra : je n'achete que des livres à mon uſage, qui ſont de la dépendance de ma profeſſion & dans le genre de mes connoiſſances. A ce diſcours, ne croiroit-on pas que cet homme eſt borné dans ſes goûts, modéré dans ſes deſirs ? Point du tout. Il ne raſſemble pas, à la vérité, des livres de tout genre ; il ſe retranche dans la faculté qui lui

dere, ferè iis rebus minus valent. Idem & iis evenit qui plurimâ librorum ſupellectile conſueverunt gloriari.

Thriver. in apopth. 107.

convient ; mais dans cette faculté même il a bien ſu s'ouvrir une vaſte carriere. Il fait acquiſition de tous les traités qui en dépendent : rien n'y manque, & la collection eſt nombreuſe.

Tel s'adonne aux belles-lettres qui veut tout avoir en fait de littérature. Grammaire, éloquence, poéſie, philologie, critique, hiſtoire, polygraphie, tout eſt de ſon reſſort. Ajoûtez à cela la multiplicité des éditions de chaque ouvrage. Il faut ſe donner les ſuites complettes de chaque imprimeur. Un livre qui manqueroit à ces recueils feroit le déſeſpoir d'un Bibliophile. Ce livre chéri, idole de ſon cœur, objet de tant de ſoins, de tant de recherches, ne ſe trouve point. Il en pourſuit, dit-il, la découverte depuis plus de vingt ans ſans ſuccès. Cela eſt bien rude ! La privation de ce ſeul article eſt capable de jeter du dégoût ſur tout ce qu'il a déjà ramaſſé. Il lui eſt intolérable d'y voir la moindre choſe tant ſoit peu déſaſſortie.

Il convient cependant de recueillir tout ce qu'ont écrit les Auteurs anciens & modernes. Il importe d'avoir des Cicerons de toutes les formes, des Horaces de toutes les ſortes: des exemplaires du texte ſeul; d'autres avec des notes : les *variorum*, les *ad uſum*, les *Farnabes*, les *Burmans*; d'autres traduits en pluſieurs langues.

Il eſt ſur-tout indiſpenſable, de raſſembler tous les dictionnaires, les journaux, les commentaires, les extraits, les abrégés. Graces au goût de de notre siecle, la presse en reproduit tous les jours de nouveaux. Veut-on des grands, des petits, des manuels, des portatifs? On en trouve un nombre considérable à choisir sur toutes les matieres. Qu'ai-je dit, *Choisir?* Ce choix ne sauroit convenir qu'à quelques gens d'étude, qui les cherchent pour le besoin, qui les aiment uniquement pour s'en servir. Les Bibliomanes sont plus généreux & plus hardis; ils ne choisissent pas, ils achetent tout.

En vérité, est-ce là se renfermer dans les limites du nécessaire, dès que l'on donne à ce nécessaire une étendue si démesurée? Une telle insatiabilité est le signe évident d'un esprit malade (*d*). Mais la multi-

(*d*) Ægri animi ista jactatio est. *Senec. epist.* 2.

plicité des livres qui inondent aujourd'hui la terre, ne contribue que trop à fomenter cette maladie.

Voyez ce nombre prodigieux d'ouvrages qui s'impriment dans tous les genres, & sur tous les sujets : qui, sous la séduisante apparence de la nouveauté, ne contiennent souvent que les répétitions perpétuelles des choses anciennes ; ouvrages qui se présentent tantôt avec l'appareil volumineux que leur a donné un infatigable commentateur : tantôt avec la sécheresse, & la briéveté, quelquefois obscure, des sommaires & des épitomes. Ici les passages sont infidelement tronqués ; là les citations sont superflues.

Considérez ces traductions hérissées de variantes, & de remarques inutiles; ces interprétations plus longues & moins claires que le texte même; ces compilations immenses, dignes fruits d'un travail méchanique, occupation ordinaire des écrivains privés de goût & de génie.

Il faut l'avouer de bonne foi : tous ces écrits que la vanité des auteurs fait éclorre, & que leur imprudence expose à l'impitoyable rigueur de la censure; toutes ces productions que l'industrie des libraires nous offre avec tant d'art sous diverses formes, sous différents aspects sont autant de pieges tendus à la curiosité publique.

Combien de fois ces titres fastueux, ces avertissements au lecteur, ne donnerent-ils pas les plus trompeuses espérances? Combien ces belles promeſſes contenues dans les préfaces, ces annonces d'éditions corrigées & augmentées, & toutes ces métamorphoſes typographiques n'ont-elles pas fait de dupes? Des myſteres ſi abuſifs exigeroient l'étendue d'un diſcours entier, pour être mis dans toute leur évidence. Bornons-nous actuellement à des réflexions plus eſſentielles à notre ſujet.

C'eſt une queſtion encore indéciſe, que de ſavoir ſi l'invention de l'imprimerie a plus contribué aux progrès des lettres & à la perfection de la morale, qu'elle ne leur a nui. Ce n'eſt pas ici le lieu de l'examiner ni de la réſoudre: tout ce qu'on peut dire eſt que le nombre des livres eſt immenſe, & que celui des bons livres eſt très-petit.

Parcourons d'un œil rapide leurs différentes eſpeces, & nous reconnoîtrons que ſi quelques-uns ſont l'ouvrage de la vérité, de la raiſon, du ſavoir, de la ſageſſe, & de la vertu, beaucoup d'autres ſont le fruit de l'ignorance, de l'erreur, de l'impiété même. Combien y en a-t-il dont il faudroit preſque tout retrancher, ſi l'on vouloit ſupprimer ce qui offenſe la ſainteté de la religion, les droits de la nature, les loix de l'équité, la décence des mœurs, la véracité de l'hiſtoire, les maximes d'une ſaine politique & d'un ſage gouvernement, les regles enfin du bon ſens & du goût!

Que peut-on eſpérer, & que ne doit-on pas craindre, lorſqu'on ſe détermine à tout ramaſſer, & à tout lire indifféremment? De ce mêlange informe & monstrueux des productions frivoles & téméraires que le génie humain enfante dans ses égarements, qu'en reste-t-il autre chose à un lecteur avide & inconsidéré, qu'un amas confus d'idées bien moins propres à enrichir son esprit, qu'à troubler, ou à corrompre son imagination?

Idées qui se nuisent mutuellement par la bizarrerie de leur assemblage; qui s'entrechoquent aussitôt qu'elles naissent; qui par tous ces combats se détruisent les unes les autres, & disparoissent enfin comme ces nuées que la tempête dissipe.

Images trompeuses, qui ne laissent dans l'ame que des empreintes du mensonge, ou des perplexités!

Cahos immenſe & ténébreux de ſentiments divers, de contradictions, de doutes, de préjugés, d'opinions, & de ſyſtêmes, où il eſt auſſi difficile que périlleux de démêler le bien d'avec le mal, le vrai d'avec le faux (*e*)!

Voilà les effets ordinaires que produiſent la liberté de penſer, la démangeaiſon exceſſive d'écrire: & par une conſéquence néceſſaire, telles ſont auſſi les ſuites de la paſſion des livres, dont le moindre danger eſt une vaine ſuperfluité.

(*e*) Libri innumerabiles ſunt, & errores innumeri. Quidam ab impiis, alii ab indoctis editi. Illi quidem religioni, pietati, ac divinis litteris, hi naturæ & juſtitiæ, moribus, liberalibus diſciplinis, ſeu hiſtoriæ, rerumque geſtarum fidei, omnes adverſi; inque omnibus, & præſertim ubi majoribus agitur de rebus, vera falſis immixta ſunt. Perdifficilis ac periculoſa diſcretio eſt.

Petrarc. Ibid.

Ut qui ſapiunt non è quovis bibunt fonte, ita non eſt tutum quemvis librum evolvere.

Eraſm. in ſimilit.

Je tâcherai donc de tirer les bons de la foule, pour les destiner à un usage raisonnable, & leur vouer l'estime qu'ils méritent; & jettant un coup d'œil de mépris sur les autres, je dirai avec un philosophe: *Eheu! quantis non indigeo!* Bien loin que cette surabondance excite mon envie, je devrois être affecté d'un sentiment tout opposé.

Oui, il faut plaindre ceux qui cherchent si vainement cette affluence excessive; les regarder comme des malades difficiles à guérir. Pourrois-je avoir une autre idée, à la vue d'un homme, qui par de pénibles soins, remplit de plusieurs milliers de volumes des appartements qui suffiroient pour loger trois familles? Je le considere au milieu de cette ſuperfluité monſtrueuſe, poſſédé de la ſoif des livres. Il me ſemble de voir un hydropique que rien ne déſaltere : un avare qui ne ſe laſſe point de théſauriſer pour ne jamais jouir, & qui refuſe aux autres, avec une ſorte de dureté, la communication de ſes richeſſes.

Le Bibliomane porte ordinairement à un point exceſſif cette jalouſie de la propriété. Plus il accumule ſes acquiſitions, moins il en jouit, & moins il eſt diſpoſé à les communiquer à ceux qui en feroient un utile emploi. Générοſité néanmoins à laquelle il eſt honteux de ſe refuſer, puiſqu'on peut l'exercer ſans craindre de s'appauvrir.

Mais c'eſt une maxime peu touchante pour un homme moins jaloux de l'uſage que de la poſſeſſion. On a défini ſon caractere en diſant que c'eſt un Bibliotaphe. En effet, il craint ſi fort de faire voir le jour à ſes livres, qu'il leur creuſe au milieu de ſon cabinet une eſpece de tombeau (*f*).

Quel eſt donc le but de cet homme, ſi ce n'eſt d'aſſouvir les deſirs d'un goût paſſionné, dont il réſulte peu d'utilité pour lui, & qui lui interdit les moyens d'obliger les autres ? Pour qui a-t-il élevé cet édifice littéraire, dont les différents matériaux lui ont coûté tant de recherches, de peines, & d'argent ? Il l'ignore. *Theſaurizat & ignorat cui con-*

(*f*) βιβλιοτάφοι, ut ſoli ſapere videantur, librorum aliquid inſignium nacti, nemini eorum copiam faciunt, ſed in arcâ velut in ſepulchro quodam incluſos aſſervant.

Rob. Steph. ex cal.

gregabit ea (g). Ce ſera peut-être en faveur d'un héritier qui ne fera aucun cas d'une pareille ſucceſſion, ſi ce n'eſt pour lui faire reprendre ſa premiere forme, c'eſt-à-dire, pour convertir au plutôt ces livres en monnoie.

Alors on verra ces aſſortiments ſi péniblement aſſemblés, ſe diſperſer çà & là, pour ne plus ſe rejoindre, pour aller ſe livrer à preſque autant de nouveaux maîtres, qu'il y a de différents articles. L'ancien poſſeſſeur aura eu beau mettre ſon nom ſur les titres, & barbouiller les frontiſpices de l'étalage de ſes qualités; toutes ces inſcriptions, *ex libris*, *ex bibliothecâ*, ne ſubſiſteront qu'autant qu'elles pourront ſervir à publier ſa

(g) *Pſalm.* 38. ℣. 10.

vanité & sa folie. Elles seront ensuite bientôt effacées.

D'autres ridicules s'offrent encore à notre vue. Comme il n'est point de goût si décidé qui n'ait ses variations ; point de passion si dominante qui ne cede aux charmes de l'intérêt, il est aisé de découvrir ici de nouveaux abus dont l'amour des livres est la source.

On voit des gens de lettres qui déshonorent leur profession par une inconstance déraisonnable, ou par un indigne commerce. Ceux-ci bientôt dégoûtés des livres qu'ils ont, ne sentent d'attrait que pour ceux qu'ils n'ont pas ; ils font sans cesse des échanges. Une fantaisie perpétuelle leur fait revendre à bas prix le nécessaire, pour acheter chérement l'inutile. Leur cabinet eſt un tableau mouvant, où l'on ne voit preſque jamais deux fois le même objet.

Ceux-là plus aviſés, mais trop ſenſibles à un ſordide avantage, recherchent les occaſions d'acquérir les livres à peu de frais. Ils profitent de l'ignorance ou du beſoin des vendeurs, dans l'eſpérance mercenaire de trouver enſuite des acheteurs peu experts, ou trop empreſſés, & de faire par ce trafic indécent un gain conſidérable. Ce qui étoit autrefois un exercice d'étude pour leur eſprit, eſt devenu une marchandiſe pour leur avarice.

O! le noble & rare talent, qui traveſtit le philoſophe en marchand de livres! *Pulchra ſanè ars quæ de philosopho librarium facit* (h) ! Détestable industrie, négoce honteux, digne objet du mépris public : excès de cupidité, qui met quelquefois la probité aux abois, & l'art du connoisseur au dessous des conditions les plus viles (*i*) !

Mais, avançons, & préparons de nouvelles couleurs pour peindre les autres caracteres de la Bibliomanie.

TROISIEME PARTIE.

Le goût des livres dégénéré en passion est une source intarissable de caprices, & de rafinements. Leur quantité multipliée sans mesure, ne

(h) *Petrarc. Ibid.*

(*i*) Sunt qui obtentu librorum avaritiæ inserviunt : pessimi omnium, non librorum vera pretia, sed quasi mercium æstimantes. Pestis mala, quæ divitum studiis obrepsisse videtur, quâ ad concupiscentiæ instrumentum ars accessit ! *Id. Ibid.*

ſuffit pas pour remplir les vaſtes deſirs du cœur humain, il faut encore qu'il ſubtiliſe ſur leur qualité.

Ici, la mode, cette volage & impérieuſe maîtreſſe du monde, exerce comme par-tout ailleurs un pouvoir abſolu : le luxe, la délicateſſe affectée, la prodigalité ont pénétré juſqu'au ſanctuaire des Muſes ; cette eſpece de contagion en a infecté toutes les avenues.

Entrons dans le cabinet d'un de ces Bibliomanes du bel air, & l'on expoſera à notre admiration tout ce que la preſſe a produit & de plus rare & de plus exquis ; les belles éditions des Aldes, de Plantin, de Vaſcoſan, d'Elzévir, de Vitré, de Mabre - cramoiſy. On y conſerve précieuſement celles qui datent du quinzieme ſiecle, époque du commencement de l'imprimerie (*k*).

Il eſt vrai que ces livres reſpectables par leurs matieres, fameux par leur antiquité, eſtimables ſurtout par la beauté du papier, par la netteté des caracteres, ont un mérite réel, une valeur qui n'eſt pas abſolument arbitraire. Mais un amateur qui rafine, tel que Cicéron nous le dépeint en le nommant, *Acrem amatorem* (l) fait bien en exagérer le prix par les qualités accidentelles que ſon goût trop ſubtil y fait obſerver.

D'ailleurs, il croit orner ſa bibliotheque, lorſqu'il y ajoute certains livres mépriſables en eux-mêmes,

(k) *En 1440.*
(l) Cicer. *ad attic. lib.* 1. *epiſt.* 3.

mais

mais qu'il n'a pas héſité à acheter, ſouvent à des prix exceſſifs, par la ſeule raiſon qu'ils ſont uniques, ou très-rares. Il eſt perſuadé que l'avantage de poſſéder un livre de quelque nature qu'il ſoit, pourvu qu'il ne ſe trouve nulle autre part, doit être acquis au poids de l'or. Cet exemplaire néanmoins ſi vanté, n'eſt peut-être devenu cher que parce qu'il eſt le ſeul qui ait échappé à l'uſage déshonorant qu'on a coutume de faire des mauvais ouvrages : ou parce qu'un accident imprévu a fait périr le reſte de l'édition.

Quelle erreur de placer ſi mal ſon eſtime, & de ne pas faire réflexion que les meilleurs livres ſont les plus communs ; que l'intérêt du public joint à celui des libraires, n'en laiſſe pas tarir l'eſpece ; qu'il eſt abſurde de faire cas de ceux qui ne ſont remarquables que parce qu'on en a négligé la réimpreſſion!

Il en eſt de même de quelques manuſcrits que le ſeul caprice fait conſerver. Je ſais qu'il y en a de précieux, dont pluſieurs, uniques dans leur genre, ſont gardés avec ſoin dans nos fameuſes bibliotheques, & ſervent à l'ornement de celles de nos Souverains. Mais combien d'autres que la preſſe n'a pas daigné tirer de leur obſcurité, & dont la rareté ne peut être attribuée qu'au mépris qu'on en a conçu! Tel eſt, dit M. de Voltaire dans ſon Temple du goût,

L'amas curieux & bizarre
De vieux manuſcrits vermoulus :
Et la ſuite inutile & rare
D'écrivains qu'on n'a jamais lus.

Les recherches de nos curieux ne ſe bornent pas là. Ils eſtiment par préférence les livres de premiere reliure. Leur admiration fait ſur-tout remarquer ceux où l'on voit pluſieurs feuillets encore unis enſemble, & dont la tranche a échappé au fer du relieur. Ce qui eſt un défaut aux yeux de la ſaine raiſon, eſt ici regardé comme un avantage notable. C'eſt pour un livre un précieux mérite, dont la preuve ſe conſerve ſcrupuleuſement, aux dépens même de l'uſage auquel il eſt deſtiné; car ce ſeroit un meurtre, au jugement de ces Bibliomanes délicats, que de couper ces feuillets pour les diviſer. J'aimerois autant dire que c'eſt ôter le prix à un livre, que de le mettre en état d'être lu.

Que faudra-t-il penſer de ce goût décidé pour les grandes marges, pour les éditions en grand papier? L'avantage de pouvoir relier pluſieurs fois les mêmes volumes, & de rendre par ce moyen leur uſage plus durable, avoit fait aſſigner aux marges une certaine proportion. Bientôt le caprice fertile en nouveautés, a franchi ces limites, & un motif d'utilité a donné lieu à une invention de fantaiſie.

Cependant, les gens qui ne cherchent que l'inſtruction, ou même l'amuſement dans la lecture, ſemblent avoir de bonnes raiſons pour préférer les livres où les matieres occupent le plus d'eſpace. Mais on voudroit bien leur perſuader qu'ils ſe trompent, qu'ils ont le goût gothique. L'élégance moderne exige qu'il y ait dans les pages preſque plus de vuide que de plein.

On peut voir un exemple remarquable dans une édition des inſtitutes de Juſtinien, où l'on a donné aux marges la plus grande largeur (*m*). Voilà, il faut l'avouer, une ſinguliere invention pour vendre très-cher le papier blanc!

De quoi ne s'eſt-on pas aviſé pour faire du nouveau, du merveilleux, & pour exciter la curioſité publique? On a imaginé d'employer à l'impreſſion de quelques livres choiſis des caracteres ſi menus, que leur

(*m*) Inſtitutionum Juſtiniani libri IV. Lugd. bat. Gaesbeek, 1678, in-16. chartâ maximâ.

Tout le monde connoît la traduction françoiſe de l'éloge de la folie, imprimée à Paris en 1751, dans le format d'un in-12, ſur du papier in-4°.

aſpect offenſe les yeux, & qu'on ne ſauroit les lire long-temps ſans riſquer de perdre la vue: caracteres ſi délicats, qu'ils ne peuvent ſoutenir l'effort de la preſſe. Par cette raiſon, les éditions ont été réduites à un petit nombre d'exemplaires devenus rares & chers. (*n*). Nouvelle occaſion de triomphe pour nos Bibliomanes.

Le goût des extrêmes s'eſt jeté du petit au grand. On imprime en pluſieurs tomes in-folio des livres que nous avions vus de tout temps ſous la forme d'un ſeul volume in-12,

(*n*) Phædri fabulæ, & publ. Syri ſententiæ, Pariſiis, è typographiâ regiâ 1729. in-32.

Quint. Horatii Flac. opera, è typ. reg. 1733. in-32.

M. Tul. Ciceronis, de amicitiâ dialogus, Pariſiis, Bauche, 1750. in-32.

M. Tul. Ciceronis Cato major, Pariſiis, Barbou, 1758. in-32.

ou in-24. L'imitation de Jesus-Christ, imprimée au Louvre en grand format & en gros caracteres, est une pure curiosité de cabinet (o). Je ne crois pas que personne fasse sa lecture de piété dans un livre si monstrueusement grossi, & qui, pour la commodité des lecteurs, devoit rester dans le rang des petits manuels.

Le recueil des fables de la Fontaine, destiné à être mis entre les mains de la jeunesse, n'avoit d'abord paru qu'en un volume de petit format: mais l'amour de la singularité & de la magnificence en a fait exécuter une nouvelle édition de l'étendue de quatre grands volumes in-

(o) De imitatione Christi, libri IV. Parisiis, è typographiâ regiâ, 1640. in-fol.

folio, où l'art a si curieusement travaillé, que l'acquisition en est interdite à beaucoup de gens (*p*).

Le mérite de cet ouvrage étoit trop connu; cette métamorphose gigantesque n'a rien ajouté à la réputation de l'auteur, ni à l'estime que ses écrits lui ont justement acquise. Cette nouvelle invention sert seulement à faire voir à quel artifice les typographes sont contraints d'avoir recours, pour satisfaire le goût capricieux de nos amateurs.

Ces observations ne m'empêchent pas d'applaudir aux talents des artistes qui s'exercent avec succès à la décoration des chefs-d'œuvres de la

(p) *Fables choisies, Paris, Saillant, 1755, avec des figures sur les desseins d'Oudri, gravées par Cochin.* Chartâ parvâ, magnâ & maximâ.

littérature; mais je dis, que ce ſont là des livres de Princes, & de grands Seigneurs. Ce que je déplore, eſt qu'en cette matiere, comme en toute autre, les moindres particuliers veulent s'égaler aux Souverains. Ils oſent affecter ſur-tout cette ridicule ambition dans les choſes de goût.

Le luxe des arts ſe préſente tous les jours à eux ſous des aſpects différents, pour attirer leurs regards. La gravure a prêté ſon ſecours à l'imprimerie. Ces deux profeſſions réunies ne laiſſent rien à imaginer pour l'ornement des livres. Elles fourniſſent ſans ceſſe de nouveaux ſujets de tentation à la délicateſſe de nos Bibliophiles.

A meſure que les artiſtes ſignalent

leur génie, les curieux ont pour ce qui ſort de leurs mains une avidité toujours nouvelle. On a tellement prodigué & varié les embelliſſements, que les livres ſont devenus des recueils d'eſtampes ; des objets plus capables d'amuſer les yeux que d'occuper l'eſprit. Par-tout des frontiſpices allégoriques, des portraits de chaque auteur, des vignettes, des lettres griſes, des cu-de-lampes, des attributs, des cartouches, des bordures ſymboliques.

L'édition des nouvelles de Bocace, qu'on vient de publier tout récemment, fait voir juſqu'où peut aller le luxe du burin. On a ſur-tout lieu de s'étonner que l'appareil n'en ſoit pas réſervé pour des objets plus dignes de cette pompeuſe décoration (*q*).

Ajoutons à tous ces raffinements de goût, la richeſſe & l'élégance des reliures. Ici tout reſpire la parure & la ſomptuoſité. *Ambitioſa ornamenta* (*r*). On voit briller ſur la couverture des livres le poli du marbre, la variété des couleurs du jaſpe. Tantôt c'eſt du veau écaillé, enrichi de fleurons & de filets d'or; tantôt, c'eſt du marroquin rouge ou verd qu'on a pris ſoin d'orner d'une riche dentelle.

L'or & l'azur ſont prodigués partout : on ne les a épargnés ni dans les bords & bordures, ni ſur les

(q) *Décameron italien & françois, Londres, (Paris) 1757. 5 vol. in-8. avec des figures, par Gravelot, Cochin, Heiſen & autres.*

(*r*) Horat. *de art. poet.* v. 447.

marbrures des tranches. Des livres ainſi conditionnés brillent aux yeux, flattent le goût, font les délices de ceux qui les poſſédent. Ce qu'il en coûte pour les couvrir ſi ſplendidement, excede ſouvent leur valeur intrinſeque.

S'ils ſont précieux en eux-mêmes, eſt-ce en augmenter l'excellence & l'utilité que de les ſurcharger de tous ces ornements étrangers? Serai-je plus inſtruit des principes de la philoſophie, & des faits mémorables de l'hiſtoire, plus ſenſibles aux traits impétueux ou inſinuants de l'éloquence, plus touché des charmes de la poéſie (s), lorſque je les

(s) Non me marginibus poeta pictis,
Aut chartâ movet elegantiore;
Non me tegmine ſplendido libelli.

Langh

trouverai dans des volumes brillants d'un orgueilleux éclat?

Sentirai-je mieux le mérite des œuvres de Démosthene, de Virgile ou de Boſſuet, parce qu'elles ſeront enveloppées d'un extérieur éblouiſſant? Non, je préférerai toujours de voir ces illuſtres auteurs ſous une forme plus ſimple & plus modeſte: & détournant les yeux de ces merveilles de l'art ſur leſquelles je n'oſe porter la main de peur de les flétrir, je m'attacherai à des livres dont je pourrai jouir, & que j'aurai la liberté de lire à mon aiſe. Quiconque ſe propoſe pour but l'inſtruction ou même le plaiſir, ne s'amuſera pas puérilement à des livres ornés d'ouvrages de miniature.

Lorſqu'on fait quelques réflexions

ſur ces objets de curioſité & de complaiſance, on feroit tenté de dire que ce ſont des bijoux, des chefs-d'œuvres d'élégance plutôt que des livres, puiſqu'on ne les touche qu'avec une ſorte de reſpect, qu'on ne les ouvre que pour les faire admirer, & qu'on les conſerve précieuſement avec la ferme réſolution de ne les jamais lire. Il faudra donc leur chercher un autre nom.

Mais ſi ſous ce fard, ſous cette écorce de parure affectée, ils n'étoient intrinſéquement que médiocres ou frivoles, quelle qualification pourrions-nous leur donner ? N'auroit-on pas raiſon de regretter l'emploi d'une telle magnificence, & de regarder cet abus comme le ſigne d'une dépravation de ſens conſommée.

Prétendre cacher les défauts ou la médiocrité de quelques ouvrages, en les couvrant ainsi d'une enveloppe imposante; vouloir leur donner du relief par la perfection des éditions & des gravures, c'est travailler vainement. L'illusion cesse pour peu qu'on les examine, & l'on n'y est pas plus trompé que si l'on voyoit de vils esclaves couronnés de fleurs, ou des courtisannes ridiculement parées des habits & des diamants destinés à une reine. Convenons que de quelque nature que soient les livres, cette affectation de parure ne changera jamais rien dans leur qualité, ni dans le jugement que les vrais connoisseurs portent des uns & des autres.

Que dirons-nous de ces armoires

où ils ſont tous pompeuſement rangés ; où l'éclat des dorures & des vernis releve les ornements de ſculpture, & le mêlange exquis des vaſes, des figures de bronze qui en font le couronnement?

Séneque ne pouvoit s'empêcher de déclamer contre cette délicateſſe outrée des amateurs de livres. Il l'attribuoit bien moins à l'amour de l'étude, & à l'eſtime due aux bons ouvrages, qu'à un goût immodéré pour le luxe, & à une vaine affectation. *Non fuit elegantia illud*, dit ce philoſophe, *aut cura, ſed ſtudioſa luxuria. Immò ne ſtudioſa quidem, quoniam non in ſtudium, ſed in ſpectaculum comparaverant* (t).

Gardez-vous de croire que cet

(t) Senec. *de tr. an. cap.* 9.

étalage

étalage de tablettes magnifiquement décorées ait pour principe la considération & le respect dûs à la littérature : que le soin de placer honorablement, & de disposer par des ajustements étudiés ce nombre choisi de volumes si richement couverts, soit un tribut d'hommages, une espece de culte rendu à leurs auteurs. Nullement. Ce sont des trophées, des arcs de triomphe que le Bibliomane a consacrés à sa curieuse vanité.

Oh ! que penseroient ces graves écrivains, ces sages des premiers siecles de l'érudition, qui, tout payens qu'ils étoient, ne cessoient d'invectiver contre le luxe & la mollesse ; qui nous prêchent par leurs exemples comme dans leurs écrits, la sobriété, la tempérance, le mépris des richeſſes, l'amour de la médiocrité? Qu'ils ſeroient ſurpris, ſi témoins de tout ce faſte, ils voyoient leurs propres ouvrages revêtus de cette pompe, placés au milieu de cette parure ſomptueuſe ſi contraire à leurs maximes!

Il me ſemble d'entendre un ancien dire à ſon livre :

Parve, nec invideo, ſinè me liber ibis in urbem;
Vade, ſed incultus......
Nec te purpureo velent vaccinia fuco.
. . . .
Nec titulus minio, nec cedro charta notetur.
. . . .
Nec fragili geminæ poliantur pumice frontes.

Ovid. Triſt. lib. I. v. I. & ſeq.

Rien n'eſt plus digne, en effet, du dédain ſtoïque d'un philoſophe, que cet art de décorer l'extérieur des livres par des embelliſſements affectés.

Décoration chimérique, bagatelles ambitieuſes, vaines productions de l'imagination & de la fantaiſie, qui ne ceſſent de reparoître ſous mille formes, & qui ne ſont, à dire vrai, que des mignardiſes & des puérilités (*u*).

Je craindrois de devenir moi-même minutieux, ſi je voulois tracer ici le détail de tous les accès, de toutes les marottes, ou pour mieux dire, de toutes les petiteſſes de la Bibliomanie. Mais il me faut des crayons plus forts, des traits plus vifs pour exprimer les dangers & les écueils de cette paſſion.

(*u*) Faſcinatio nugacitatis. *Sap. cap.* 4.

Quatrieme Partie.

Plus nous avançons, plus la matiere devient ſérieuſe. Ce n'eſt pas ſeulement un ridicule qu'il faut attaquer, c'eſt un excès ruineux dont il ſeroit important d'arrêter les progrès. On a dit, il y a long-temps, qu'un gros livre eſt un grand mal: *magnus liber, magnum malum* (*x*). Ne peut-on pas le dire, à plus forte raiſon, d'un grand amas de livres? Combien cette maladie n'a-t-elle pas dévoré de riches patrimoines, & d'amples ſucceſſions? Combien n'a-t-on pas vu de gens qui, après avoir mis le déſordre dans leurs affaires, pour contenter un goût illimité, ſe

(*x*) *Μέγα βιβλίον μέγα κακόν.*
Callimach, apud athen, lib. 3. cap. I.

ſont impitoyablement refuſé les dépenſes les plus indiſpenſables de leur état, le néceſſaire même de la vie, pour fournir aux frais, & à l'entretien d'une copieuſe collection de livres ?

Le nombre eſt aſſez grand de ces martyrs de la Bibliomanie. Follement paſſionnés pour tout ce qui eſt beau & curieux, ils franchiſſent les bornes de leur fortune : ils font enſuite des retranchements ſur leurs plus preſſants beſoins ; ils éprouvent enfin la plus honteuſe déroute.

Paris, cette ville immenſe, théatre fameux de tant de ſpectacles divers, expoſe quelquefois au concours public la vente de ces bibliotheques, dont l'acquiſition a ruiné leurs maîtres. Ces Bibliomanes, auſſi inſatiables qu'imprudents, ſe trouvent enfin réduits à livrer aux mains de leurs créanciers ce qui leur a tant coûté à recueillir, & dont la jouiſſance a été ſi courte.

Voilà où conduiſent les goûts dont on ne ſait pas ſe rendre maître pour les reſſerrer dans les termes de la néceſſité. Ce ne ſont pas là cependant les plus grands dangers de la Bibliomanie. Ceux qui en ſont poſſédés ont encore d'autres écueils à redouter, où la raiſon & la religion ne font que trop ſouvent de funeſtes naufrages.

Je dis en premier lieu, la raiſon: car, qu'y a-t-il de plus honteux pour l'homme raiſonnable, que le ſoin capricieux de recueillir par préférence des livres d'un genre bizarre & ſingulier, où il n'y a rien à gagner pour l'instruction, rien à espérer pour la culture de l'esprit, rien même pour l'amusement des lecteurs polis & délicats?

Ce n'est nullement une supposition que cet attrait dépravé auquel s'abandonnent certains Bibliomanes, chez qui l'on voit des suites complettes de tout ce que la presse a produit de plus grotesque, de plus frivole, & de plus satyrique.

Rien ne manque dans ces collections. Fables, contes, romans, histoires de chevalerie, aventures galantes, poésies burlesques, facéties, bons-mots, œuvres macaroniques, traités de magie, de sorcellerie, art divinatoire, mémoires de procédures scandaleuses, chroniques médiſantes, libelles diffamatoires, & tant d'autres écrits dictés par une imagination déréglée, & par la liberté cynique.

Voilà les recueils merveilleux qu'un certain travers d'eſprit fait raſſembler. La vaine gloire de tout avoir, dans le genre même le plus mépriſable, engage à tout recevoir; à tout adopter dans des productions dont la frivolité eſt le caractere le moins défectueux.

A force de ſe rendre facile ſur le choix des livres, en faveur de la beauté ſinguliere des éditions, de l'élégance des reliures, des charmes du ſtyle, des agréments répandus dans les ouvrages, & de la réputation impoſante de leurs auteurs, on vient au point de ſe tout permettre;

on ne trouve plus rien de dangereux, rien de repréhenſible.

Un écrit s'introduit dans le public ſous les auſpices de la nouveauté. Après avoir d'abord révolté la délicateſſe du lecteur par des propoſitions hardies, il commence peu à peu à lui devenir tolérable, & indifférent. Une ſeconde lecture applanit toutes les difficultés. On ſe reproche preſque d'avoir été trop ſuſceptible & trop pointilleux. C'eſt là, dira-t-on, l'ouvrage d'un homme qui *penſe*; tout y eſt frappé au coin du *génie*; certainement, l'auteur eſt *philoſophe*. Enfin, cet écrit devenu ſuſpect au premier coup d'œil, & qui mérite très-ſûrement de l'être au jugement integre d'un eſprit ſain, parvient par degrés, avec le ſecours de l'habitude, & l'autorité des préjugés, jusqu'à obtenir l'estime, & l'approbation.

Insensiblement un abyme en attire un autre. L'homme qui n'a pas soin de respecter sa raison, ni le courage de s'interdire ce qu'elle condamne, n'a bientôt de ménagement ni pour la décence des mœurs, ni pour la religion. C'est ainsi que la folle passion des livres entraîne souvent au libertinage, & à l'incrédulité.

Il y en a si peu, dans le nombre même de ceux qui ne sont pas prohibés, que tout le monde puisse lire sans danger ! Il y en a tant dont la lecture alarme la charité ou la pudeur, & compromet presque toujours l'innocence, ou la foi ! On a beau avertir ces lecteurs curieux de tout, qu'en tel endroit eſt caché ſous des fleurs artiſtement aſſorties le venin le plus ſubtil & le plus mortel: ces avertiſſements ne ſont que des aiguillons pour la curioſité, qu'un nouveau motif de lui tout accorder, qu'une raiſon de plus pour tout acheter ſans examen, pour tout lire ſans précaution.

Ne ſuffit-il pas ordinairement que le débit d'un livre ſoit défendu, pour qu'il devienne plus univerſellement répandu dans le public, & plus lucratif pour l'éditeur? Veut-on faire monter le prix de ce livre? le vrai moyen eſt d'eſſayer d'en arrêter le cours. Mais, il n'eſt pas digne, dira quelqu'un, de l'attention des gens de goût, encore moins de l'eſtime des hommes de bien;

n'importe; la vente s'en fait furtivement; c'eſt aſſez pour que tout le monde s'y jette.

Après qu'on a dévoré avidement ces tas de brochures, ces productions licencieuſes qui nous inondent, dont la vigilance des Magiſtrats ne peut empêcher la publicité, qu'en réſulte-t-il, ſi non un vuide honteux pour l'eſprit, ou de funeſtes impreſſions pour le cœur; ſuite ordinaire d'une lecture pour laquelle le mauvais emploi du temps eſt le moindre reproche qu'on ait à ſe faire?

Mais un abus ſi condamnable doit être plutôt l'objet du zele des prédicateurs, que de la critique d'un académicien. Je cede donc aux maîtres de la chaire, le ſoin de déclamer à haute voix contre un pareil déſordre : & pour ne point ſortir du diſtrict académique, après avoir expoſé les différents excès qui caractériſent la Bibliomanie, je vais tâcher, en finiſſant, d'indiquer par quelques courtes réflexions les préſervatifs qu'on peut employer pour s'en garantir ; & les moyens de contenir l'amour des livres dans les bornes de l'utilité, & même de l'honnête abondance.

On m'objectera ſans doute que ma cenſure eſt trop ſévere, que mes portraits ſont outrés, & les exemples que je cite trop rares ou trop peu connus. On trouvera peut-être dans mes réflexions une eſpece d'auſtérité, un air de ruſticité & de barbarie qui tendroit à offenſer les talents, à dépriſer les ſciences & les arts, à décourager l'émulation, à fovoriſer l'ignorance & l'oiſiveté.

Je dois me juſtifier ſur tous ces reproches; & je dis d'abord que ma critique n'a rien d'exceſſif. J'en appelle aux Gens de Lettres, ſur-tout à ceux qui vivent dans le monde & qui habitent les plus grandes villes. Ils avoueront que mes tableaux ſont conformes à la nature. Ils diront qu'ils ont ſouvent rencontré dans le commerce de la ſociété, les modeles dont j'ai fait les copies, & que leur nombre augmente chaque jour.

J'ai puiſé la plus grande partie de ces caracteres dans les déclamations que faiſoient ſur ce ſujet les anciens Philoſophes. On peut voir par mes citations marginales, que ſi quelquefois je n'ai pas traduit littéralement leurs expreſſions, je ne m'en ſuis écarté que dans la vue de les adoucir, ou de les ajuſter à nos mœurs. Mais j'ai cru devoir m'appuyer ſur leur autorité, afin d'élever une voix plus libre dans le ſanctuaire des Muſes, contre un abus qui les déshonore.

D'ailleurs je ne crois pas avoir franchi les limites d'une cenſure modérée. La prudence, la modeſtie, la ſobriété que je demande dans l'uſage des choſes de la plus grande utilité ſont fondées ſur les premiers principes de la raiſon, ſur les loix de la philoſophie, ſur l'obſervation néceſſaire du bon ordre, ſur les regles de la bienſéance, & de l'honnêteté publique (*y*).

(*y*) Quid verum atque decens curo & rogo, & omnis in hoc ſum.

Horat. lib. 1. epiſt. 1. v. 11

Au reste, je connois tout le prix de la littérature. Bien-loin de vouloir la décréditer, j'honore sincérement ceux qui la cultivent : j'applaudis à tout ce qui contribue aux progrès de l'étude, à la perfection des talents: je n'ignore pas que les livres leur fournissent les plus grands secours; que l'imprimerie est le moyen le plus propre à rendre ces secours prompts, faciles, universels.

Je sais le cas qu'on doit faire de ces chefs-d'œuvres de la presse, dont la délicatesse séduit les yeux, & dont la correction satisfait l'esprit. J'ai toujours aimé les livres & ceux qui les aiment : mais j'aime encore plus la vérité, *Amicus Plato, magis amica veritas.* Plus j'estime une chose utile, plus j'en déplore les abus.

S'il

S'il eſt vrai, comme perſonne n'en doute, que l'étude épure l'ame, qu'elle rectifie le jugement, qu'elle eſt l'école de la vertu, eſt-il ſupportable que des livres qui ſont les inſtruments de l'étude, les organes de la vérité & de la ſcience, deviennent par un goût abuſif, les vains meubles dont on orne un appartement, ou les ſignes équivoques du travail & du ſavoir, ou même les armes offenſives dont on ſe ſert pour intimider la raiſon, & avec leſquelles on oſe combattre ce que les loix divines & humaines ont de plus reſpectable?

Quelle utilité pourroit-il y avoir à paroître curieux de livres, pour ſe borner à n'en rien faire, & à ne rien ſavoir? A quoi ſerviroit-il de devenir ſavant, ſi ce n'eſt pas pour devenir meilleur? A quoi bon se nourrir des maximes des Philosophes, & considérer d'un œil d'admiration les belles actions des grands hommes, si l'on néglige de pratiquer les unes & d'imiter les autres? N'est-ce pas aux Gens de Lettres plus exercés à méditer, à réfléchir, qu'il convient de donner des exemples de modération dans les goûts, & de décence dans les usages?

Quand même la vanité, le luxe envahiroient toutes les professions, infecteroient tous les états, le leur devroit être exempt de cette contagion. Ils connoissent si bien la véritable institution des livres, qu'ils ont lieu de craindre d'en porter l'estime jusqu'aux moindres entêtements de la passion.

J'en ai reconnu & éprouvé moi-même le péril. Cet aveu ſemble me donner le droit d'en manifeſter les écueils. Un Navigateur échappé du naufrage ſe plaît à raconter les riſques d'une mer orageuſe : un Voyageur curieux, mais quelquefois imprudent, après avoir couru mille hazards ſur ſa route, avertit ceux qu'il rencontre, des embûches ou des précipices qu'ils doivent éviter. Ce ſeroit une injuſtice que de vouloir interdire à un Joueur la faculté de déclamer contre le jeu, lorſqu'il a quelque ſujet de s'en plaindre.

Le penchant que je me ſuis toujours ſenti pour la Bibliomanie m'a laiſſé néanmoins la liberté d'en examiner les dangers. Inſtruit par ma propre expérience, j'ai appellé la raiſon à mon ſecours pour me prémunir contre cette ſéduction : & les réflexions que ce ſujet m'a inſpirées, ſont bien moins des leçons pour les autres, qu'un avertiſſement que je prends pour moi.

Concluons de tout ce que j'ai dit, que la Bibliomanie eſt le comble du ridicule pour ceux qui n'ont ni les diſpoſitions, ni la volonté de faire un uſage ſérieux des livres ; que pour les gens d'étude & les connoiſſeurs, c'eſt une ſuperfluité déraiſonnable que de raſſembler toutes les facultés, toutes les matieres qu'un ſeul homme ne ſauroit cultiver ; que ces collections portées juſqu'au luxe & à la magnificence ſont l'effet d'un amour exceſſif du merveilleux, & l'objet d'une prodigalité condamnable & ruineuſe ;

que ce goût bizarre & libertin qui fait donner la préférence à certains ouvrages, où tout respire la frivolité & la licence, est un travers d'esprit odieux & méprisable, un dérèglement de cœur consommé, digne de de la rigueur des loix & des anathêmes.

Quiconque sera une fois bien convaincu de toutes ces vérités, avouera que la destination primitive des livres est diamétralement opposée à tous ces excès; qu'ils sont faits pour éclairer notre ame, pour corriger nos mœurs & non pour les séduire & les pervertir; que leur véritable valeur ne dépend ni de leur grand nombre, ni des ornements qui les parent; mais seulement des choses utiles ou agréables qu'ils renferment.

Contentons-nous donc de recueillir ceux que la briéveté de la vie, & la portée de nos talents nous permettent de lire. Joignons-y encore ceux que les diverſes fonctions de notre état nous obligent de conſulter. Préférons la qualité bien choiſie à la quantité ſuperflue. Les plus précieux, en apparence, & les plus richement ornés, ſont ſouvent les moins inſtructifs. Des éditions correctes, des reliures durables doivent borner notre ambition.

Mais des objets encore plus dignes d'elle nous ſont offerts dans ces livres : c'eſt-à-dire, les moyens de nous inſtruire, je ne crains point d'ajouter, & de nous amuſer. Il faut à l'homme des occupations ſérieuſes : s'y appliquer, c'eſt ſon devoir. Il lui faut auſſi de légitimes récréations : ſe les procurer, c'eſt ſon beſoin.

Néanmoins, ſoit qu'il étudie, ſoit qu'il prenne quelques délaſſements par la lecture, ces diverſes actions doivent toujours être dirigées par la raiſon & par la tempérance. Les livres ſimplement agréables contiennent, ainſi que les plus ſérieux, des leçons utiles pour les cœurs droits & pour les bons eſprits.

Apprenons des maîtres de la morale qui nous enſeignent tous les jours la vérité par la lecture, tantôt avec l'autorité des préceptes & des exemples, tantôt avec la douce perſuaſion des conſeils, quelquefois avec les agréments d'un amuſement ingénieux ; apprenons, dis-je, que notre vrai bonheur conſiſte à mépriſer généreus fement les tentations de la vaine gloire, & les recherches de la fuperfluité; apprenons que le fage n'ambitionne point ce qui abonde & ce qui brille, mais qu'il fe contente fimplement de ce qui eft bon & de ce qui fuffit (z).

En effet, avoir ce qu'il faut, c'eft une véritable richeffe, & c'eft une indigence réelle que d'accumuler toujours fans ceffer jamais de defirer. Le néceffaire & l'utile une fois acquis, tout le refte n'eft bon qu'à engendrer des foins, des dégoûts & quelquefois des repentirs.

Tandis que l'homme s'épuife en projets, & qu'il cherche à fatisfaire de plus en plus la foif d'acquérir,

(z) Sapiens non copiam, fed fufficientiam rerum vult.

Petrarc. de lib. cop. dial. 43.

ſa vie s'écoule, le temps de jouir ſe paſſe, & bientôt l'avantage de poſſéder s'évanouit avec la jouiſſance (*a*). Soyons donc perſuadés, qu'en tout, le trop eſt toujours vicieux, incommode même, & ſouvent pernicieux (*b*); que le brillant & le merveilleux ſont rarement utiles. Accoutumons-nous à meſurer nos deſirs & nos acquiſitions ſur nos vrais beſoins, & à écarter de nous, tout ce qui reſſent le luxe & la parade: *aſſueſcamus à nobis removere pompam, & uſu rerum ornamenta metiri* (*c*).

Suivant ces principes ſi vrais, ſi

(*a*) Quid miraris? Quid ſtupes? Pompa eſt. Oſtenduntur iſtæ res, non poſſidentur: & dum placent, tranſeunt. Ad veras potius te converte divitias: diſce parvo eſſe contentus.
Senec. epiſt. 110.

(*b*) Vitioſum ubique quod nimium eſt.
Id. de tranq. an. cap. 9.

(c) *Idem Seneca ibidem.*

ſolides, uſons des livres avec diſcrétion, ſi nous voulons en jouir avec fruit. Que leur uſage ne ſoit pas pour nous un motif de vanité, mais un moyen d'inſtruction. Ils ne furent jamais deſtinés à faire briller notre goût pour l'appareil & le faſte, mais à nous rendre plus doctes & plus ſages (*d*). Ce ſont des remedes contre le vice & l'ignorance qu'un funeſte abus peut trop facilement convertir en poiſon.

Heureux qui ſait ſe fixer à un bon choix, & en faire un emploi ſalutaire! Heureux qui dans ce genre comme dans toutes les choſes de la vie ne rougit point de la médiocrité, & ne connoît rien de tout ce qui va

(*d*) Paretur itaque librorum, quantùm ſatis eſt, nihil in apparatum. *Senec. Ibid.*

au-delà du néceſſaire ! Heureux encore celui qui a le talent de jouir, & de ſe procurer une eſpece d'abondance dans les bornes mêmes de la retenue; qui ne s'accorde la jouiſſance que de ce que lui permettent la raiſon & la vertu!

Muni de ces précautions, quiconque aime l'étude, trouve dans l'élite de quelques bons livres une noble occupation & des ſatisfactions inexprimables. Dès qu'il jouit d'un bien ſi délectable & ſi pur, à quel autre plaiſir ſeroit-il ſenſible? Quel état pourroit être plus deſirable que celui où l'on eſt délivré des langueurs de l'ennui & des dangers de l'oiſiveté?

Oui certainement, la véritable félicité de l'homme de lettres, eſt d'éprouver l'accompliſſement du vœu que fait Horace lorſqu'il dit:

> *Quid credis, amice, precari?*
> *Sit mihi quod nunc eſt, etiam minus, ut mihi vivam.*
> *Quod ſupereſt ævi, ſi quid ſupereſſe volunt Dî,*
> *Sit bona librorum copia. . . .* [c]

Avec de telles diſpoſitions l'homme ſtudieux aime véritablement les livres, en connoît tout le prix, & en retire la plus grande utilité.

Il eſt ſeul capable de leur rendre cet honorable témoignage, & de dire avec Cicéron, qu'ils fourniſſent à l'eſprit dans la jeuneſſe, la plus exquiſe nourriture: *adoleſcentiam alunt*; qu'ils ſont les plus ſolides plaiſirs de la vieilleſſe: *ſenectutem oblectant*; que

(c) Horat. lib. 1. epiſt. 18. v. 106.

Obſervez qu'Horace dit Bona librorum copia, *& non pas*, magna *ni* ſplendida. *On doit entendre ici par le mot* copia *l'honnête abondance, mais nullement la magnificence ni la ſuperfluité.*

leur usage bien ménagé, ajoute un nouveau lustre à la prospérité : *secundas res ornant* ; qu'ils procurent des ressources & des consolations dans l'adversité : *adversis perfugium ac solatium præbent* ; qu'ils sont les délices de la vie privée, & non un obstacle aux fonctions publiques : *delectant domi, non impediunt foris* ; qu'ils veillent avec nous, qu'ils nous servent de compagnie dans les voyages & à la campagne : *pernoctant nobiscum, peregrinantur, rusticantur* (*f*).

C'est sur-tout dans les lieux champêtres & dans la solitude que leur jouissance est plus délicieuse. C'est-là que dans le silence majestueux de la nature, & à l'aide d'une lecture choisie, il s'éleve au-dedans de nous

(*f*) Cicer. pro Arch. poët. num. 7.

une voix ſecrette qui nous rappelle à nous-mêmes, qui nous fait ſentir nos erreurs, qui nous enſeigne nos devoirs. C'eſt dans ces retraites chéries des Muſes qu'il eſt doux de ſe livrer à leurs inſpirations : qu'il eſt plus libre de méditer ſur les merveilles de l'Univers, ſur les myſteres de la Morale ou de la Phyſique avec le ſecours des livres qui en ſont les dépoſitaires & les interpretes.

Quel charme ne goûte-t-on pas à ſe retirer quelquefois du tumulte des villes, de l'embarras des affaires, de la converſation des vivants, ſouvent frivole ou incommode, pour s'entretenir avec d'illuſtres morts, pour apprendre d'eux à penſer, à réfléchir, pour recueillir leurs maximes & profiter de leurs conſeils! Rien ne manque à qui ſait faire cas de ces précieux avantages. *Si hortum cum bibliotheca habes, nihil deerit* (g).

Epurons donc ce goût des livres qui ne peut être ni utile ni agréable qu'autant qu'il eſt légitime, & modéré. Tâchons d'en augmenter les douceurs & les fruits, par l'aſſaiſonnement d'une judicieuſe ſobriété. Apprenons à le mettre ſagement à profit, & pour n'en perdre jamais l'utilité, évitons d'en faire l'objet d'une oſtentation ridicule, ou d'une paſſion aveugle & dangereuſe.

(g) Id. ad Famil. lib. 9. epiſt. 4.

FIN.

Fautes à corriger.

Page 6. *ligne* 13. & trop commun : *lisez*, & que trop commun.
Page 13. *ligne* 16. ou dans la mémoire : *lisez*, & dans la mémoire.
Page 63. *ligne* 15. á produit & de plus rare : *lisez*, a produit de plus rare.
Page 69. *ligne* 4. On peut voir : *lisez*, On peut en voir.
Page 76. *ligne* 14. plus sensibles : *lisez*, plus sensible.
Page 94. *ligne* 1. fovoriser : *lisez*, favoriser.

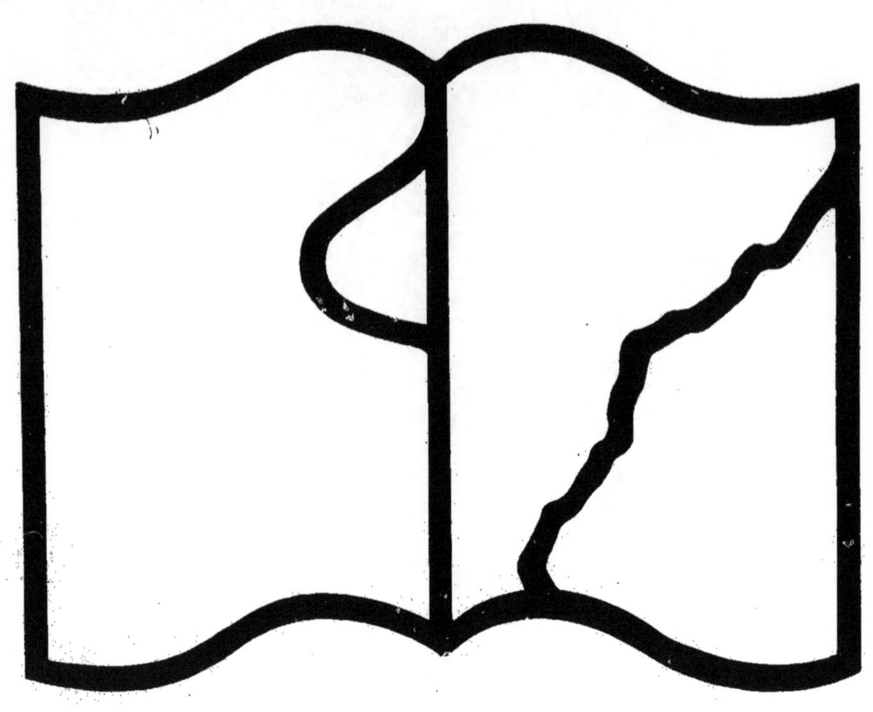

Texte détérioré — reliure défectueuse

NF Z 43-120-11

www.ingramcontent.com/pod-product-compliance
Ingram Content Group UK Ltd.
Pitfield, Milton Keynes, MK11 3LW, UK
UKHW020323250726
13967UKWH00004B/1832

9 782011 946010